DISSERTATION
PHILOSOPHIQUE
SUR UNE DIFFICULTÉ DE LA LANGUE FRANÇAISE;

L'Auteur prouve que le Participe qui suit le Verbe auxiliaire *Avoir*, & qui est précédé d'un Pronom, doit toujours être indéclinable.

A PARIS;

Chez { BROCAS,
La Veuve BORDELET, } rue Saint Jacques.
BARROIS, Quay des Augustins.

M. DCC. LIX.
Avec Approbation & Privilége du Roi.

QUESTION

Sur le participe qui suit le Verbe auxiliaire avoir.

L s'agit de savoir s'il peut recevoir un changement dans le genre, & dans le nombre, ou comme on dit, s'il est déclinable ; & dans quels cas il l'est.

Tout le monde convient que lorsque le participe suit le verbe auxiliaire *avoir*, ou le verbe *être* pris dans le même sens qu'*avoir*.

1°. Le nominatif ne cause aucun changement dans le participe. C'est pourquoi l'on dit aussi bien au singulier qu'au plurier, & au masculin qu'au feminin, il a *aimé*, ils ont *aimé*, elle a *aimé*, elles ont *aimé* ; & non pas ils ont *aimés*, elle a *aimée*, elles ont *aimées*.

2°. Le regime, ne cause point aussi de changement dans le participe, lorsqu'il le suit. C'est pourquoi il faut dire, il a *aimé* l'Eglise, il a *aimé* les Livres, il a aimé les Sciences ; & non pas il a *aimée* l'Eglise, il a *aimés* les Livres, il a *aimées* les Sciences.

La difficulté est de savoir si le participe qui suit le verbe auxiliaire *avoir* est déclinable, lorsque le participe & le verbe auxiliaire *avoir* sont précédés d'un pronom à l'accusatif ou qui est régime.

Suivant l'usage le participe est déclinable dans ce cas, lorsqu'il termine la phrase. Ainsi on dit, la vertu qu'il a *aimée*, les ennemis qu'il a *vaincus*.

La raison qu'en donne l'Auteur de la Grammaire générale & raisonnée, c'est qu'alors le participe est pris pour participe passif, & que c'est comme si on disoit, *virtus quam habeo amatam, hostes quos habeo victos*.

Le même Auteur avec M. de Vaugelas & plusieurs autres prétend que lorsque le participe est suivi d'un nominatif, ou d'un nom soit substantif soit adjectif qui est regime du verbe, soit d'un verbe, comme dans ces phrases,

La justice que vous ont rendu vos juges,
Œdipe s'est crevé les yeux,
Cette femme s'est fait peindre,
Elle s'est rendu catholique.

Dans ce cas le participe est indéclinable. Voilà des exceptions bien étendues.

Je ne saurois approuver la raison dont l'Auteur de la Grammaire générale se sert pour faire voir que le participe est déclinable, lorsqu'il termine la phrase, & qu'il est précédé d'un pronom. Il soutient que dans ce cas le participe devient déclinable, parce qu'il est passif, & que c'est comme si on disoit, *virtus quam habeo amatam*. Rien ne paroit plus contraire à nos idées.

Car 1°. il est clair que dans la phrase latine, *virtus quam amavi* rendue en français mot à mot, *la vertu que j'ai aimée*, le verbe est actif; d'où il suit que dans la phrase françoise, le verbe auxiliaire avec le participe doit former un tems du verbe actif. Il n'est pas moins évident que le verbe auxiliaire *j'ai* n'est employé que pour marquer le tems & exprimer le passé. Il est donc clair que toute l'action appartient au participe qui par cette raison n'est point passif, mais actif.

2°. Le participe soit qu'il se trouve à la fin de la phrase ou qu'il y ait quelque chose après lui, signifie toujours la même pensée qu'on exprime en latin par ce mot *amavi*, ou par ces deux mots *fui amans*. Par conséquent la place qu'il oc-occupe ne le rend point passif; & il est bien clair que la différence de la place ne change rien dans la pensée que nous voulons exprimer.

3°. Si la pensée que nous exprimons en latin par ces mots *scientia quam amavi* pouvoit être exprimée en françois par une phrase qui rendue en latin mot à mot seroit, *scientia quam habeo amatam*, elle pourroit par la même raison être rendue par celle-ci, *scientia quam amatam habeo; hostes quos victos habeo*. Or ces phrases ont un sens tout différent de ce qu'on veut exprimer par la phrase française. Car dans les phrases latines, *habeo* exprime une possession, & toute l'action; dans la phrase française *j'ai*, ne sert que pour exprimer le passé. *Habeo* régit le pronom *quam*, *j'ai* ne le régit pas. Car si je me suis dessaisi d'une montre en la donnant, on ne peut pas dire, que je *l'ai*; cela feroit contradictoire. Ainfi dans cette phrafe, la montre que j'ai donnée; fi *j'ai* étoit le verbe qui régit, le fens feroit une contradiction.

L'Auteur des remarques fur la Grammaire générale regarde comme une chofe claire & inconteftable que le verbe auxiliaire & le participe forment enfemble un tems du verbe actif. Sur ce principe il défaprouve les exceptions de M. de Vaugelas, & foit que le participe termine la phrafe, foit qu'il y ait un nominatif, un régime, ou un verbe après lui, il établit cette regle générale.

Le participe eft déclinable lorfqu'il fuit les verbes auxiliaires, & qu'il eft précédé d'un pronon à l'accufatif, régi par le verbe auxiliaire & le participe.

Il explique cette regle en ces termes: „ l'accufatif eft le régime fimple qui mar„ que le terme ou l'objet de l'action que „ le verbe fignifie, & on l'apéle régime „ fimple par opofition au régime com„ pofé pour lequel on employe une pré„ pofition. Exemple. J'ai donné un livre „ à Pierre, *livre* eft le régime fimple & à

» *Pierre* est le régime composé qui ré-
» pond au datif.
» J'ai dit encore que le pronom est régi
» par le verbe auxiliaire, & par le parti-
» cipe reunis, parce qu'ils forment ensem-
» ble un temps du verbe actif. Le partici-
» pe *seul* en tant que déclinable, est con-
» sidéré comme un adjectif du pronom,
» c'est ce qui le rend déclinable. Exemples.
» Imitez les vertus que vous avez *entendu*
» *louer* : on ne doit pas dire *entendues*,
» parce que le pronom n'est pas régi par le
» verbe *entendre*, mais par le verbe *louer*.
» Terminés les affaires que vous avez
» *prévu* que vous auriés : on ne doit pas
» pas dire *prévues*, parce que le pronom
» n'est pas régi par le verbe *prévoir*, mais
» par vous *auriés*.
» Éle s'est *fait* peindre, & non pas
» *faite*, parce que le pronom est régi par
» *peindre*, c'est-à-dire éle a fait peindre
» éle.
» Ele s'est *crevé* les yeux & non pas *cre-*
» *vée*, parce que ce sont les yeux qui sont
» le régime simple de créver, & non pas
» le pronom qui est le régime composé au
» datif, & non à l'accusatif, c'est-à-dire,
» éle a crevé le yeux *à éle*.

Éle s'eſt *laiſſée* mourir, & non pas „
laiſſé parce que le pronom eſt le régi- „
me de *laiſſer*, & non pas de mourir qui „
eſt un neutre ſans régime; c'eſt-à-dire, „
éle a laiſſé éle même mourir. „

Ele s'eſt *laiſſé* ſéduire, & non pas „
laiſſée, parce que le pronom n'eſt pas „
le régime de *laiſſer*, mais de *ſéduire* qui „
eſt actif, c'eſt-à-dire, éle a laiſſé ſéduire „
éle. „

La maiſon que j'ai faite, la maiſon „
que j'ai fait faire. „

Dans le premier exemple, je dis, „
j'ai fait éle, & par conſéquent que *j'ai* „
faite, puiſque le pronom précéde. Dans „
le ſecond je dis *fait faire*, parce que *fait* „
eſt intranſitif, c'eſt l'infinitif *faire* qui „
eſt un actif tranſitif. La difficulté vient „
donc de ne pas diſtinguer les cas où le „
verbe eſt tranſitif de ceux où il ne l'eſt „
pas.... Il y a une quantité d'occaſions où „
fait eſt tranſitif, c'eſt lorſqu'il ne forme „
qu'un mot avec l'infinitif, qui le ſuit. „
Ces cas ſont aiſés à diſtinguer avec de „
la juſteſſe & de la préciſion. „

Je n'oſerois pas propoſer mes reflexions contre le ſentiment d'un ſi grand maître de la langue, & un Auteur ſi

A v

connu par ses talents, s'il ne m'y engageoit lui-même parce qu'on lit à la fin de sa dissertation. Quelque respectable, dit il, que soit une autorité en fait de science, & d'art, on peut toujours la soumettre à l'examen. On n'auroit jamais fait un pas vers la vérité, si l'autorité ût toujours prévalu sur la raison.

Je prendrai donc la liberté d'examiner ce que dit ce savant homme; je le prie de regarder mes pensées comme des doutes sur lesquels je lui demande des éclaircissements.

1°. L'Auteur dit que le verbe auxiliaire & le participe forment ensemble un tems du verbe actif.

Il me semble qu'il seroit nécessaire de les distinguer, & de décider quel est celui des deux qui est le verbe actif, quel est celui qui marque le tems de ce verbe actif. J'ai fait voir en réfutant le sentiment que soutient l'Auteur de la Grammaire générale que dans cette phrase *la vertu que j'ai aimée*, le verbe auxiliaire *j'ai*, ne sert qu'à former le tems & exprimer le passé, ce que le latin montre clairement; *fui amans*;

d'où il suit que le pronom n'est régi que par le participe, & non pas en même tems par le verbe auxiliaire réuni avec lui.

2°. L'Auteur ajoute que le participe *seul* est consideré comme un adjectif du pronom ; c'est, dit-il, ce qui le rend déclinable. Dans le fait l'Auteur prétend que le participe est déclinable, puisqu'il approuve cette phrase, *la vertu que j'ai aimée*. Il veut donc que le participe y soit regardé comme *seul*, & comme *adjectif* du pronom. Mais tout adjectif est en quelque sorte régi par son substantif, ou ce qui tient la place du substantif ; puisqu'il est obligé d'en suivre le genre & le nombre : & si ce participe est régi par le pronom, il ne régit en aucune maniere le pronom. Ce n'est donc pas le verbe auxiliaire, & le participe réunis, comme dit l'Auteur, qui régissent le pronom ; ce seroit le verbe auxiliaire seul, ce qui ne paroît pas soutenable à cet Auteur.

Il me semble que le participe est indéclinable lors même qu'il termine une phrase, dans laquelle on joint avec lui un verbe auxiliaire pour former un tems du verbe actif. Il est vrai que cela est contraire aux façons de parler reçues, & que l'usage est le maître du langage. Mais outre que l'usage n'est pas universel, comme M. l'Abbé Desmarais le fait voir, on doit faire attention qu'il n'est le maître du langage que pour les mots, & pour les phrases indifferentes, c'est-à-dire, celles qui expriment également bien la pensée, ou ce qu'on a dessein d'exprimer. Il seroit absurde de prétendre que l'usage est le maître du langage même contre la raison; & il n'y a rien de plus contraire à la raison qu'une phrase qui donne à entendre tout le contraire de ce qu'on a dessein d'exprimer.

Or il me paroît qu'une phrase dans laquelle le participe même qui la termine s'accorde en genre & en nombre avec le pronom qui précéde, donne à entendre tout le contraire de ce qu'on a dessein d'exprimer. Car 1°. elle donne à entendre que le participe est passif, & l'on a dessein d'exprimer une action par le participe. Elle représente le verbe auxiliaire comme actif, & l'on ne l'employe que pour marquer le temps. Elle fait régir le participe par le pronom, qui est le régime du participe.

2°. Comme le remarque fort bien l'Auteur de la Grammaire générale & raisonnée, cette phrase, *la vertu que j'ai aimée*, rendue mot à mot en latin a le même sens que celle-ci, *virtus quam habeo amatam*. Or rien ne fait mieux voir combien la phrase françoise est contraire à ce qu'on a dessein d'exprimer. Car *habeo* exprime une possession active, *amatam* ne figure que comme possedé, par conséquent reçu, & par cette raison passif; ce qui est assurément bien opposé à ce que nous voulons exprimer par la phrase française, ou du moins en est entierement different.

3. En parlant de quelques livres, de quelques papiers, si je dis *je les ai rangés par ordre dans mon cabinet*, je laisse en doute si c'est moi qui ai pris le soin de les ranger, ou si je veux dire que je les *ai*, & qu'ils sont rangés par ordre, & je ne fais aucune distinction entre l'action de la personne, & l'état de la chose. C'est pourquoi, les Espagnols font toujours le participe indéclinable avec le verbe *haver*, comme le remarque M. l'Abbé Desmarais.

4°. La seule raison pour laquelle le nominatif ne produit aucun changement dans le participe, c'est qu'il est actif, quoique cependant le nominatif régisse en quelque sorte le verbe, qui doit s'accorder avec lui en nombre & en personne. Par quelle raison le régime de ce participe pourroit-il avoir plus de force ?

5°. Quand le régime suit le participe, il ne le change pas. Par quelle raison pourroit-il le changer lorsqu'il le précéde & qu'il n'est qu'un pronom ?

6°. Avant l'Auteur des remarques sur la Grammaire générale, le participe demeuroit indéclinable lorsqu'il étoit suivi d'un nominatif, ou d'un second régime, ou d'un verbe : c'est qu'on ne pouvoit pas s'empêcher dans ces cas de regarder le participe comme actif ; on ne sçauroit en donner d'autre raison. Le participe est-il moins actif lorsqu'il termine la phrase ; & qu'il est précédé d'un pronom ?

7°. En parlant de cette dissertation, si je voulois exprimer qu'elle a été approuvée par des savans, je devrois dire, des savants l'ont jugé bonne, &

non pas *jugée*, parce que c'est comme si je disois, *des savants ont jugé qu'elle est bonne*. On voit par là que M. de Vaugelas avait raison d'admettre cette exception.

8°. Il y a beaucoup de cas où l'on souffre d'entendre faire le participe déclinable, même à la fin de la phrase. Exemples. *La mort que j'ai crainte ; elle a perdu ce procès ; je l'en ai plainte.*

Je conversois, il y a peu de tems, avec un savant qui n'a jamais pû soutenir la lecture d'une Grammaire française, & qui dans ses études s'est plus attaché aux choses qu'aux mots. Il fut fort surpris d'apprendre que suivant l'usage le participe est déclinable après le verbe *avoir*, lorsqu'il est précédé d'un pronom; il soutint même dabord que cela ne pouvoit pas être. Si l'on vouloit en faire l'expérience, de cent habiles gens de la même sorte l'on en trouveroit peu d'un sentiment different, & je pense qu'ils approuveroient également ces deux phrases, *j'ai aimé la vertu, la science que j'ai cultivé*. Tant il est vrai que la raison dicte de faire le participe toujours indéclinable.

Je dois sans doute m'attendre qu'on m'opposera le sentiment de M. Du Marsais, rapporté dans l'Encyclopédie à l'article *auxiliaire*. Nos plus célébres Ecrivains ont adopté avec plaisir les raisons de cet Auteur, que les Savants regardent comme le plus habile Grammairien. Je suivrois volontiers leur exemple, si je ne m'étois pas fais une loi de n'acquiescer à aucun sentiment, qu'après l'avoir examiné avec soin.

„ Je suis persuadé, dit M. Du Mar-
„ sais, qu'il ne faut juger de la nature
„ des mots, que relativement au ser-
„ vice qu'ils rendent dans la langue où
„ ils sont en usage, & non pas par rap-
„ port à quelqu'autre langue dont ils
„ sont l'équivalent ; ainsi ce n'est que
„ par périphrase ou circonlocution que
„ *je suis venu*, est le prétérit de *venir*.
„ *Je* est le sujet, c'est un pronom perso-
„ nel : *suis* est seul le verbe à la pre-
„ miere personne du tems présent, *je*
„ *suis* actuellement : *venu* est un parti-
„ cipe ou adjectif verbal, qui signifie
„ une action passée, & qui la signifie
„ adjectivement comme arrivée ; au

» lieu que *avenement* la signifie sub-
» stantivement & dans un sens abstrait ;
» ainsi *il est venu*, c'est-à-dire, *il est
» actuellement celui qui est venu*. J'ai
» aimé, le verbe n'est que *ai*, *habeo* ;
» *j'ai* est dit alors par figure, par mé-
» taphore, par similitude. Quand nous
» disons, *j'ai un livre*, &c. *j'ai* est au
» propre, & nous tenons le même lan-
» gage par comparaison, lorsque nous
» nous servons des termes abstraits ; ainsi
» nous disons, *j'ai aimé*, comme nous
» disons, *j'ai honte, j'ai peur, j'ai en-
» vie, j'ai faim*, &c. je regarde donc
» *aimé* comme un véritable nom sub-
» stantif abstrait & metaphisique, qui
» répond à *amatum*, *amatu* des latins,
» quand ils disent *amatum ire*, aller au
» sentiment d'aimer, ou *amatum iri*,
» l'action d'aller au sentiment d'aimer
» être faite ; le chemin d'aller au senti-
» ment d'aimer, être pris, *viam iri ad
» amatum* ; or comme en latin *amatum*,
» *amatu*, n'est pas le même mot qu'*ama-
» tus, a, tum* ; de même *aimé* dans *j'ai
» aimé*, n'est pas le même mot que dans
» *je suis aimé ou aimée* ; le premier est
» actif, *j'ai aimé*, au lieu que l'autre

» est passif, je suis *aimé*. Ainsi quand
» un Officier dit j'ai *habillé* mon régi-
» ment ; *habillé* est un nom abstrait pris
» dans un sens actif, au lieu que quand
» il dit les troupes que j'ai *habillées*,
» *habillées* est un pur adjectif parti-
» cipe qui est dit dans le même sens
» que *paratas* dans la phrase *misit co-*
» *pias quas habebat paratas.* César.

» Ainsi il me semble que nos Gram-
» maires pourroient bien se passer du
» mot *d'auxiliaire,* & qu'il suffiroit
» de remarquer en ces occasions le
» mot qui est verbe, le mot qui est
» nom, & la periphrase qui équivaut
» au mot simple des latins. Si cette
» précision paroit trop recherchée à
» certaines personnes, du moins elles
» n'y trouveront rien qui les empêche
» de s'en tenir au train commun, ou
» plutôt à ce qu'elles savent déjà.
» Ceux qui ne savent rien ont bien
» plus de facilité à apprendre bien,
» que ceux qui déja savent mal.

J'ai transcri l'article de l'Encyclope-
die ; ce n'est qu'une partie de ce qu'on
lit dans les tropes du même M. Du
Marsais.

„ Notre verbe auxiliaire *avoir* vient
„ du verbe *habere*, avoir, posséder....
„ dans la suite on s'est écarté de cette
„ signification propre d'*avoir*, & on a
„ joint le verbe par métaphore & par
„ abus à un supin, à un participe ou
„ adjectif. Ce sont des termes abstraits
„ dont on parle, comme de choses
„ réelles, *amavi*, j'ai aimé, *habeo*
„ *amatum*. *Aimé* alors est un supin, un
„ sentiment que le verbe signifie, je
„ possede le sentiment d'aimer, comme
„ un autre possede sa montre. „

M. Du Marsais prétend donc que dans cette phrase, *j'ai aimé*, *aimé* est un supin, le même que *amatum* des latins, qui exprime un sentiment d'amour, & que le verbe est renfermé dans *j'ai*, *habeo*; que dans cette autre phrase, la vertu que j'ai *aimée*, *aimée* est un participe, ou adjectif, & le verbe est toujours j'ai, *habeo*.

1°. J'aurois souhaité que l'Auteur après la phrase *je suis venu* dont il donne l'explication fort détaillée, ne mit pas tout de suite la phrase *j'ai aimé* ; la premiere peut se rendre par ces mots, *me voila venu*, ou selon l'Auteur, *je suis actuellement celui qui est venu ;* la seconde pourroit-elle se rendre par ces mots, *me voilà aimé, je suis actuellement celui qui est aimé ?* Ce n'est assurément pas la pensée de l'Auteur, qui prétend que *venu* est adjectif, que *aimé* est substantif. Quelqu'un cependant pourroit s'y méprendre, & penser que l'Auteur se sert de la premiere phrase *je suis venu* pour expliquer, comme il entreprend de le faire, quel est le sens du verbe *avoir* dans la phrase *j'ai aimé.*

2°. Dans les phrases *j'ai aimé la vertu, j'ai aimé la chasse,* l'Auteur prétend que le verbe est *j'ai* qui exprime une possession non pas réelle & civile, mais par figure, métaphore, similitude, *aimé* est un supin, comme *amatum* des latins, qui est un substantif signifiant un sentiment d'amour; ainsi, ajoute-t-il, nous disons *j'ai aimé* comme nous disons, j'ai *honte,* j'ai *peur,* j'ai *faim.* C'est-à dire que *j'ai aimé*, signifie j'ai un sentiment d'amour, j'ai l'amour.

Si un libertin disoit, *j'ai aimé la vertu, que je hais,* il signifieroit donc par la premiere phrase, qu'il a actuellement l'amour de la vertu; ce qui n'est certainement pas vrai, comme la seconde phrase, qui exprime la haine actuelle de la vertu, le démontre. Si comme l'Auteur le dit, il ne faut juger de la *nature*, ou signification d'un mot, que relativement au service qu'il rend dans la langue où il est en usage, & non pas par rapport à quelqu'autre langue, l'Auteur ne pouvoit pas plus mal juger de la nature du mot *j'ai*, dans la phrase *j'ai aimé la vertu*, qu'en disant qu'il exprime une possession métaphorique, c'est-à-dire, l'existence d'un sentiment d'amour pour la vertu. Car tous les François ont eu dessein d'exprimer le contraire, & ne se sont servi dans cette phrase du mot *j'ai*, que pour désigner un tems passé, comme cela est clair par la phrase, *j'ai aimé la vertu, que je hais*, & comme l'assurent tous les Auteurs de la nation.

En second lieu *j'ai aimé* ne signifia jamais que je possede un sentiment d'amour, mais que je le possédois dans un tems passé; ainsi nous ne disons pas *j'ai aimé*, comme nous disons *j'ai faim*, *j'ai soif*.

En troisiéme lieu l'amour existant est actuellement actif, celui qui a existé a été actif. Mais dans la phrase j'ai possédé l'amour; cet amour tout actif qu'il est par lui-même est representé comme reçu dans moi, & par conséquent comme passif par rapport à moi; or quand je dis, *j'ai aimé*, je me représente comme ayant agi, & non pas comme ayant reçu de l'amour.

Je crois donc que le supin de M. Du Marsais ne doit pas plus faire fortune que le gérondif de la Grammaire générale.

„ *Aimé*, dit M. Du Marsais, dans
„ *j'ai aimé*, n'est pas le même mot que
„ dans *je suis aimé*; le premier est ac-
„ tif, *j'ai aimé*, au lieu que l'autre
„ est passif, je suis *aimé*; ainsi quand
„ un Officier dit, *j'ai habillé mes trou-*
„ *pes*, *habillé* est un nom abstrait pris
„ dans un sens actif; au lieu que quand
„ il dit *les troupes que j'ai habillées*,
„ *habillées* est un pur adjectif parti-
„ cipe qui est dit dans le même sens
„ que *paratas* dans la phrase ci-dessus

„ *misit copias quas habebat paratas.*
„ César.

Par la comparaison que l'Auteur fait de *je suis aimé*, & *j'ai aimé*, avec *j'ai habillé mes troupes*, *les troupes que j'ai habillées*, on pouroit penser que *aimé* dans *je suis aimé*, & *habillées* dans *les troupes que j'ai habillées*, sont pris dans le même sans. Si c'étoit le sentiment de l'Auteur, il auroit contre lui la raison & le sentiment de tous les François qui par la phrase *les troupes que j'ai habillées* ont toujours voulu signifier un tems du verbe actif, aussi bien que par la phrase, *j'ai habillé* mon régiment.

2°. Dans cette phrase *les troupes que j'ai habillées*, l'Auteur prétend que *j'ai* est le verbe, qui parconséquent signifie une possession ou réelle ou métaphorique. Mais si ces troupes sont déja détruites avec leurs habits, je ne possede pas ni réellement, ni métaphoriquement ces troupes habillées.

3°. L'Auteur a tort de s'autoriser de la phrase de César, *misit copias quas habebat paratas*, le mot *habebat*, il avoit, n'est pas un contre-sens dans le latin : car César avoit en effet ces troupes, elles étoient levées & équipées, puisqu'il les envoya ; au lieu que l'Officier n'a point du tout les troupes habillées, puisque nous les supposons taillées en piéces avec leurs habits.

4°. Le même Auteur soutient que *aimé* dans *j'ai aimé la vertu*, est un substantif, & qu'il est adjectif dans *la vertu laquelle vertu j'ai aimée* ; qu'ainsi il faut dire, *que j'ai aimée*. Comme c'est la question, il auroit dû nous donner une raison de ce changement de substantif en adjectif ; la cause de ce changement ne peut pas être le verbe, qui est toujours *j'ai*, suivant cet Auteur ; ce ne peut pas être non plus le régime qui est le même dans les deux phrases. Le pronom qui devient adjectif du régime, n'a pas plus de force que le régime ; & la place qu'il occupe ne lui ajoute rien.

5°. Dans l'origine de la langue comme le remarque un Auteur célébre, la construction se faisoit aussi naturellement & même plus naturellement en mettant le régime avant le verbe actif, qu'en le mettant après. On donna d'abord des noms aux choses, ensuite on forma des mots pour exprimer les verbes, & on difoit *fruit defirer*, defignant par un gefte la perfonne qui defiroit le fruit. Cette maniére de s'énoncer étoit la plus commode pour celui qui parloit, & pour celui qui écoutoit : elle l'étoit pour le premier, parce qu'elle le fefoit commencer par l'idée la plus facile à communiquer. Elle l'étoit pour le fecond, parce qu'en fixant fon attention à l'objet dont on vouloit l'entretenir, elle le préparoit à comprendre plus aifément un terme moins ufité, & dont la fignification ne devoit pas être fi fenfible. On dit après cela, *fruit defirer moi, fruit defirer autrefois moi*. Pour abreger, quand on eut changé *moi* en *je*, & qu'on voulut former les tems des verbes, pour diftinguer le participe *aimant autrefois*, du participe *aimant à préfent*, on lui donna la terminaifon du participe paffif *aimé*, parce que ce qui eft paffif ou reçu, eft fait, & par cette raifon a du rapport avec une chofe qu'on fefoit autrefois, & qui à préfent eft faite ; & pour que la fimilitude de terminaifon ne caufa point de confufion, on fe fervit du verbe *avoir* pour marquer le paffé, &

l'on commença à dire, *la vertu j'ai aimé*, ce qui étoit aussi naturel que de dire *j'ai aimé la vertu*; comme on voit par la langue latine dans laquelle on dit aussi bien *virtutem amavi*, que *amavi virtutem*, ce qui dans la suite ne s'observa que dans la Poësie. M. Menage rapporte en exemple ce vers de S. Gelais du tems de François I.

Car j'ai ma réponse prévu

On dût parconséquent dire, *la vertu laquelle vertu j'ai aimé*, & ensuite, *la vertu que j'ai aimé*, de même qu'on disoit, *j'ai aimé cette vertu*. On ne comprend pas comment ce participe actif, que le nominatif qui précede non plus que le régime qui suit ne change point, a pû recevoir un changement par un pronom qui le précéde, & qui est son régime. Mais on comprend très-bien qu'un pronom qui le précéde n'a pas changé sa nature, qu'il n'est pas devenu adjectif, passif, régime du pronom qui précéde, ni de *j'ai*, que le service que ce mot *j'ai*, rend dans la langue, lorsqu'il est joint au participe actif, est de marquer le tems, & qu'on ne l'a jamais employé que pour cette fin. Nos Grammairiens pourront donc encore se servir du mot d'*auxiliaire*.

J'ai réfuté le sentiment de M. du Marsais, parce que les erreurs même des Savants du premier ordre sont des oracles pour beaucoup de gens superficiels, qui admirent plus qu'ils n'examinent toutes leurs productions, & qui croyent avoir part à leur réputation en soutenant leurs idées, sur-tout quand elles présentent quelque chose de nouveau. Il me semble entendre quelqu'un de ces Messieurs dire d'un ton bien plus affirmatif que l'Auteur ; nous avons donc un Supin dans la Langue Françoise, & nos Grammairiens ont eu grand tort d'appeler le verbe avoir *auxiliaire* ; il signifie toujours une possession ou réelle, ou métaphorique. M. du Marsais l'a démontré.

Il me paroit qu'on peut conclure de toutes les raison que j'ai proposé, que c'est un abus du langage de faire le participe déclinable, lors même qu'il termine la phrase, & qu'il est précédé d'un pronom ; qu'il seroit très à propos que ceux qui ont autorité pour cela corrigeassent cet abus. 1°. Parce que cela donneroit une grande facilité pour apprendre la langue, soit aux étrangers, soit aux regnicoles, que cet article déconcerte. 2°. Parce que cela ôteroit d'un grand embarras les Savants même, qui ne peuvent rendre aucune bonne raison de cette façon de parler, & qui sont la plupart incertains des cas où le participe est indéclinable. 3°. Parce que plus une langue est conforme à la raison, plus elle est parfaite. Ainsi il ne faudroit rendre le participe déclinable que quand le verbe *être* n'est pas mis à la place *d'avoir*, & pour marquer seulement le tems, c'est-à-dire, lorsque le participe est passif.

M. Duclos a déclaré qu'il seroit à désirer que le participe fut toujours indéclinable. C'est aussi le sentiment d'un autre Académicien que j'ai consulté, & j'ai lieu de croire que les autres Membres de l'Académie Française pensent de la même maniere. Je sens cependant que cette illustre Compagnie ne fera pas une loi contraire à l'usage de tous les meilleurs écrivains ; mais comme je crois avoir assez bien prouvé que cet usage est un abus, il me semble que pour le corriger, il suffiroit que l'Académie témoignât, comme elle pense, qu'il seroit à désirer qu'on mit toujours le participe indéclinable, que ce ne seroit pas une faute dans ceux qui le feroient, parce que cela est conforme à la raison, quoique cela fut contraire à l'usage de la plupart des meilleurs Auteurs. Je dis même que sans faire aucune loi, il suffiroit que l'Académie ne condamnât pas comme une faute les phrases où le participe seroit indeclinable ; M. l'Abbé Desmarais prétend que ce n'en est pas une. Il est vrai que beaucoup d'excellents écrivains ne changeroient pas, parce qu'il faudroit pour eux trop d'attention & de gêne ; mais tous ceux qui n'ont pas assez examiné cet article de la langue, ou qui sont incertains des cas où le participe est indéclinable, le feroient toujours indéclinable, & peu à peu l'usage s'en introduiroit, surtout si quelqu'Auteur connu par ses talents & convaincu de mes raisons, vouloit commencer.

Je ne crois pas qu'un homme de bon sens ose prétendre que l'usage doit l'emporter sur la raison, à moins que ce ne soit dans le discours familier, & le commerce de la vie, où toutes les façons de parler sont assez bonnes, pourvu que l'on s'entende, parce qu'il seroit trop difficile de faire gouter de la multitude ce que prescrit une saine logique. M. Duclos n'a pas cru que l'usage dut l'emporter sur la raison, lorsqu'il a rejetté les exceptions que rapporte M. de Vaugelas quoiqu'autorisées par l'usage; & il me paroît certain qu'il faudroit suivre son sentiment, si la raison permettoit de faire le participe déclinable lorsqu'il est à la fin d'une phrase; ce que M. de Vaugelas n'a pas examiné, non plus que M. Duclos. Un usage contraire à la raison est un préjugé, une erreur qu'on doit corriger avec d'autant plus d'empressement, qu'elle est plus universelle. Sans cela les Arts n'auroient jamais été portés à la perfection où nous les voyons aujourd'hui.

Enfin toutes les fois qu'on entreprend d'examiner ce que la raison dicte sur une façon de parler aussi importante, & qui revient dans le discours aussi souvent que le participe, loin de chercher des autorités dans les plus célebres écrivains, ou même dans l'usage, pour décider la question ; la Logique prescrit de détourner son attention de toutes ces autorités, de peur qu'elles ne forment un préjugé qui empêche de juger sainement : il faut se transporter à l'origine même du langage, considerer la phrase en elle-même, & si elle exprime le contraire de ce qu'on a dessein d'exprimer, on doit la rejetter avec toutes les autorités qui s'y opposeroient. Tout Philosophe pensera de cette maniere.

Or j'ai prouvé que lorsque le participe suit les verbes auxiliaires *avoir*, *être*, & qu'il est précédé d'un pronom, la phrase exprime le contraire de ce qu'on a dessein d'exprimer, si l'on fait le participe déclinable. Il faut donc le faire toujours indéclinable : la raison le prescrit, plusieurs Académiciens le désirent, la facilité que cela donneroit pour la Langue Françoise, l'exige.

F I N.

APPROBATION.

J'Ai lû par ordre de Monseigneur le Chancelier, la petite *Dissertation* manuscrite *sur une difficulté de la Langue Françoise*, je l'ai trouvé bien raisonnée. Ce 2 Mars 1759.

St. LESEIGNEUR.

Le Privilége & l'Enregistrement se trouvent à la fin d'un ouvrage de Philosophie du même Auteur.

www.ingramcontent.com/pod-product-compliance
Lightning Source LLC
Chambersburg PA
CBHW060527050426
42451CB00011B/1698